Rolf M. Hofmann

Interview mit einem Engel

Antworten auf menschliche Fragen

©2017
Herstellung und Verlag: BoD – Books on Demand, Norderstedt.
ISBN: 9783744814935

Umschlag: Nadja Hofmann, www.dielinsenfluesterin.de
Lektorat: Noemi Sacher, noemi_sacher@gmx.ch
Titelbild: Pascal Dihé, www.dihe.eu

Bibliografische Information der Deutschen Nationalbibliothek:
Die Deutsche Nationalbibliothek verzeichnet diese Publikation in der Deutschen Nationalbibliografie, detaillierte bibliografische Daten sind im Internet über http://www.dnb.d-nb.de abrufbar.

Vielen Dank
an meine Lektorin Noëmi Sacher, die wesentlich zur Fertigstellung dieses Buches beigetragen hat.

Inhaltsverzeichnis

Gebrauchsanweisung

Bevor wir loslegen, bitte ich Sie, dieses vorangestellte Kapitel zu lesen und zu verinnerlichen. Wie der Beipackzettel eines Medikamentes möchte ich Sie vorab über eventuelle Risiken und Unwägbarkeiten informieren.

In diesem Buch gebe ich meine Wahrnehmung wieder, übernehmen Sie diese nicht einfach als die ultimative Wahrheit, es ist ausschließlich meine Wahrheit.

Beachten Sie beim Lesen immer Ihr Bauchgefühl und Ihr Empfinden, ob die Worte auch Ihrer Wahrnehmung entsprechen und Sie diese annehmen können.

Ich kann nur aus meiner Sicht der Dinge schreiben und meine Sichtweise wird beeinflusst von meiner Herkunft und Erziehung. Ich bin in Baden-Württemberg, in einem kleinen Bauerndorf im Nordschwarzwald, herangewachsen und als evangelischer Christ erzogen worden. Wäre ich auf der Südhalbkugel unserer Erde und als Muslim oder Buddhist erzogen worden, hätte dies vermutlich Auswirkungen auf den Inhalt dieses Buches gehabt und ich hätte es anders geschrieben, als es Ihnen heute vorliegt.

Sollten Sie den Inhalt und die Tatsache nicht annehmen können, dass es möglich ist, mit körperlosen Geistwesen aus nichtmateriellen Ebenen zu kommunizieren, dann können Sie gerne denken, dass ich einen an der Waffel habe und das Buch zur Seite legen. Wenn Sie aber bereit sind, eventuelle Vorurteile für ein paar Stunden hintenanzustellen, lernen Sie eine Ihnen bislang vermutlich unzugängliche Perspektive auf unser menschliches Dasein aus der alles überragenden Weitsicht eines Geistwesens kennen.

Einleitung

Nach langer Zeit der Bettlägerigkeit und Rehabilitation ist es mir eine große Freude, dass ich endlich in der Lage bin, meine Zwiegespräche mit dem Engel Gabriel niederzuschreiben. Ich habe sie lange in meinem Gedächtnis aufbewahrt, um sie eines Tages mit Ihnen zu teilen.

Gabriel? Werden Sie sich fragen, der Erzengel Gabriel?
Ja und nein. Seit sich Gabriel das erste Mal bei mir meldete, hat er immer wieder betont, nicht der Erzengel Gabriel zu sein, sondern einfach ein Engel namens Gabriel.
Damals, im Frühjahr 2006, stellte er sich mir als Botschafter der geistigen Welt vor und unterrichtete mich in den nächsten Wochen sehr intensiv in spirituellen Dingen. Mich und noch 22 andere Menschen auf der Welt, seiner Aussage nach. Als ich ihn damals nach seinem Namen fragte, sagte er, ich solle ihn einfach mit Gabriel ansprechen. Vor allem darum, weil ich mir diesen Namen gut merken könne. Offensichtlich war er mit meiner diesbezüglichen Schwäche bestens vertraut.
Ich saß damals am frühen Abend, kurz vor Sonnenuntergang, auf unserer Terrasse und schaute auf die Silhouette von Santanyì, das in 300 m Luftlinie von unserem Grundstück in das sanfte Abendlicht des zur Neige gehenden Tages getaucht war. Ich dachte an nichts Besonderes und genoss einfach meinen momentanen Zustand der entspannten Zufriedenheit, als ich eine Wärme, fast Hitze spürte, die meinen Oberkörper vom Zwerchfell bis hoch zum Kopf einhüllte und ich in meinem Kopf ganz klar und deutlich seine Stimme hörte.
An den genauen Wortlaut kann ich mich nicht mehr erinnern, aber er sagte, dass er aus der geistigen Welt kommen würde, dass er mich unterrichten wolle und mir alle meine

Fragen beantworten würde. Sofort fragte ich zurück, in was er mich unterrichten wolle. Er antwortete mir: "In allem, was du wissen musst und willst."

Das ist nun schon einige Jahre her. Am Anfang spürte ich Gabriel immer an meiner rechten Seite neben mir, im Laufe der Jahre aber rückte er immer näher, bis ich ihn direkt in mir spüren und kaum mehr unterscheiden konnte, ob es meine eigenen Gedanken, oder seine Eingaben waren, die sich in meinem Kopf formten. So verschmolzen wir buchstäblich und wurden eins.

So, wie er es mir bei seiner Vorstellung versprochen hatte, ist er mir seit jener Zeit zu einem unverzichtbaren Lehrer und Begleiter meines Lebens geworden. Seine Hilfe und seine weisen Ratschläge kamen nicht nur mir allein zugute, sondern vielen Menschen, die bei mir Rat suchten. Und sie beeinflussten natürlich auch wesentlich den Inhalt meiner Bücher.

Was ich an Gabriel am meisten schätzen gelernt habe, ist neben seiner unendlichen Weisheit auch sein Humor und die Fähigkeit, komplizierte, schwer verständliche Sachverhalte in so anschaulichen Beispielen zu erklären, dass ich und jeder es verstehen kann. Er benützt dabei Bilder, Situationen und Gefühle, die ich selbst erlebt habe und aus eigener Erfahrung kenne. Die Tatsache, dass er meinen Erfahrungsschatz zur Kommunikation benützt, birgt aber auch die Gefahr, dass sich mein Bewusstsein mit den Durchsagen von Gabriel vermischt.

Ich bin mir dieser Gefahr sehr bewusst und bevor ich den Mund aufmache, frage ich oft bei ihm nach, ob das, was ich im Kopf habe, auch richtig und in seinem Sinne ist und ich es so dem Fragesteller mitteilen kann.

Umständlicher wird es dann, wenn Gabriel mir für mich gänzlich unbekannte und neue Sachverhalte mitteilen will.

Hier bedarf es manchmal mehrerer Rückfragen. Dann sucht Gabriel bereitwillig nach neuen Bildern und Vergleichen, und wir spielen dieses Frage- und Antwort Spiel so lange, bis ich mir zu absolut 100% sicher bin, dass ich ihn richtig verstanden habe.

Die größten Schwierigkeiten bereiten mir Fragen, die meine eigene Situation betreffen, oder in die ich emotional involviert bin. Da fällt es mir schwer, seine Ansichten von meinen eigenen Gedanken und Vorstellungen zu unterscheiden.

Öfters werde ich gefragt, wie ich ihn wahrnehme und ob ich ihn auch sehen kann.

Nein, sehen konnte ich ihn bisher leider nur ein einziges Mal, aber ich kann ihn jederzeit fühlen und hören und bin mir sicher, ihn Wort für Wort klar zu verstehen. Am Anfang spürte ich seine Anwesenheit überdeutlich. Es war eine warme, liebende Kraft und Sicherheit, die mich einhüllte und die sich in mir ausbreitete, bis ich damit vollständig ausgefüllt und mein Innen und Außen eins waren. Dann war er in mir und ich war in ihm, so fühlte ich es jedenfalls. Dieses Gefühl war Friede, Liebe und Geborgenheit in Vollendung.

Heute ist dieses Gefühl nicht mehr ganz so intensiv, bestimmt deshalb, weil ich mich im Lauf der Jahre an seine dauerhafte Anwesenheit gewöhnt habe und es für mich völlig normal ist. Ich kann dieses Gefühl heute eher als positiv gelassene, friedfertige Grundstimmung beschreiben.

Aber zurück zu unserem Kennenlernen:

Nachdem ich akzeptiert hatte, von nun an einen himmlischen Ausbilder in mir zu haben, testete ich ihn mit vielen Fragen, die er so verblüffend klar und anschaulich beantwortete, dass mir geradezu die Spucke wegblieb. Damit gelang es ihm, meine anfänglichen Zweifel in Bezug auf meinen Geisteszustand zu zerstreuen – ich war bereit, mich auf ihn einzulassen.

Die erste Lektion, die er mir beibringen wollte, bestand darin, meine Schöpferkraft, die alle Menschen innehaben, zu meiner bewussten Zukunftsgestaltung und Realisierung von Wünschen und Zielen einzusetzen. Er erklärte mir, dass ich es mir angewöhnen solle, mir meine Zukunft zu erdenken und zwar so, als ob ich immer ein Hufeisen ein paar Meter vor mich werfen würde und dann erst bis zu dem Punkt gehen würde, an dem das Hufeisen liegt. Oder ich könne mir auch vorstellen, einen Bach zu überqueren, indem ich, immer im Abstand meines nächsten Schrittes, große Steine hineinwerfe, auf die ich dann meine Füße setzen kann. So würde ich den Weg meiner Zukunft gedanklich vorbereiten und ebnen. Soweit die Theorie. Nun forderte Gabriel mich auf, das in der Praxis anwenden. Er bat mich, in Gedanken klar zu formulieren, und mir vorzustellen, was ich gerne geändert hätte. Der erste Wunsch, der mir in den Sinn kam, war die Zufahrt zu unserem Grundstück. Schon vor Wochen hatte ich sie von den Bäumen und dicken Ästen befreit, die in den Weg hineinragten. Allerdings war der Weg an sich nur bedingt befahrbar. Die Räder meines Autos versanken immer tiefer in den ausgefahrenen, holprigen Spurrillen, sodass der grüne Mittelstreifen öfters deutlich hörbar am Bodenblech meines Autos entlang schrammte. Es war nur eine Frage der Zeit, bis ich aufsitzen würde. Ich hatte zwar die tiefsten Schlaglöcher notdürftig ausgebessert, doch musste ich teilweise extrem langsam und vorsichtig über diese Stellen fahren, damit mein Auto ganz blieb. Ich stellte mir also, wie von Gabriel vorgeschlagen, diesen Weg wunderschön eben und eingeschottert vor, immer und immer wieder, ganz so, als ob er schon fix und fertig ausgebessert wäre.

Zwei, oder drei Tage später rückte ein Bautrupp mit einer großen Steinfräse an, die an einem Bagger montiert war. Sie frästen einen Schacht von der Hauptstraße den ganzen Weg entlang bis vor unser Gartentor, um eine neue Wasserleitung und ein Stromkabel zu verlegen. Nach Abschluss der Arbeiten schotterten und planierten sie den kompletten Weg neu ein. Er war jetzt sogar schöner, als ich ihn mir vorgestellt hatte. Soviel dazu…

Mehr über unsere Gedankenkraft und wie wir sie für uns einsetzen können, habe ich in meinem Buch **Not Wendet** und auf meiner Homepage *www.ofaatu.de* unter dem Menüpunkt Selbsthilfe/Selbstheilung beschrieben.

Der nächste Unterricht während meiner morgendlichen Meditationen bestand darin, dass er mir die Verbindung unserer Seele mit der geistigen Welt und den Zusammenhang unseres jetzigen Lebens und unserer Wiedergeburt umfassend erklärte. Dieses durch ihn erlangte Wissen habe ich in meinem Buch **Unser ewiger Kern** niedergeschrieben.

So unterrichtete er mich jeden Morgen über seinen Blickwinkel auf die Dinge und die kosmischen Zusammenhänge. Ich erkannte dadurch, dass die Zeitspanne unseres irdischen Lebens im Vergleich zu unserem ewigen Leben kürzer ist, als die Wartezeit vor einer roten Fußgängerampel im Vergleich zu einem irdischen Tag. Diese Erkenntnis in Verbindung mit der großartigen Schöpfung, die er mir offenbarte, löste tiefe Schuldgefühle in mir aus. Es beschämte mich, als mir bewusst wurde, wie arrogant und selbstherrlich ich und wir Menschen uns mit unseren beschränkten Spatzenhirnen in der eigens für uns geschaffenen Welt bewegen und sie mit unserer egozentrischen Selbstsucht und Unwissenheit jeden Tag mehr aus dem vollendet liebevollen, harmonischen Gleichgewicht bringen.

Ich musste meinem Impuls folgen, mich bäuchlings in Demut und Scham, lang gestreckt auf den Boden zu legen, und meinen Schöpfer um Vergebung zu bitten. Nicht nur für mich, sondern für die ganze Menschheit. Mit der Nase auf den Fliesen gelobte ich inbrünstig, mein kurzes irdisches Leben der geistigen Welt als Botschafter für die Menschen zu widmen.

Interview

Fragen zur Person

Gabriel, ich freue mich außerordentlich, dass wir nun zusammen dieses Buch schreiben.
Du bist also ein ganz normaler Engel und nicht der Erzengel?

Ja.

Was unterscheidet einen normalen Engel, von einem Erzengel?

Nur der Name.

Was bedeutet eigentlich Erzengel?

Ich habe mir sagen lassen, dass der deutsche Name aus dem Griechischen ἀρχή archē = Anfang, Führung und ángelos = Bote, abstammt und ursprünglich Oberengel bedeutete. Ihr verbindet mit dem Begriff jedoch einen Engelsführer, oder Engels Gebieter.
In unserem Verständnis ist ein Erzengel eine weit entwickelte Seele, die nicht mehr in die Materie gehen muss und die andere Geistwesen um Rat fragen können. Keiner wird hier etwas gebieten, oder verbieten.

Von Gerry (einem englischen Medium) weiß ich, dass du auch schon als Mensch zur Zeit der Erbauung von Stonehenge auf der Erde warst.
Was warst du damals?

Ich war ein Nordmann.

Erzähl doch ein bisschen von deinem Leben als Nordmann. Bestimmt kannst du mir auch etwas über den Zweck von Stonehenge sagen und wie es erbaut wurde?

Damals als Nordmann war ich der Vermittler zwischen den Göttern und meinem Volk. Das war vergleichbar mit einem Priester oder Medizinmann. Ich stammte aus einer Sippe, die schon immer diese Vermittler hervorgebracht und ausgebildet hatte. Die Nordmänner, oder wie ihr heute sagt, Normannen, waren ein wildes, kriegerisches Volk, das nur vor den Elementen und den Göttern Respekt hatte. Zu Stonehenge kann ich folgendes sagen: Als ich nach Angelland kam (England) oder Danlaw, wie manche sagen, stand es schon. Damals war es teilweise mit dicken Ästen, Zweigen, Stroh und Binsen bedeckt, um bei den Zeremonien etwas Schutz vor der Witterung zu bieten. Seine Form hatten die Priester einer Grabstätte aus unserer Heimat nachempfunden. Die Steine symbolisierten die Spanten eines Schiffes, in dessen Mitte der Tote seine Reise ins Jenseits antreten konnte. An dem Punkt, an dem der Mast gestanden hätte, wurde der Tote begraben. Wir glaubten, dass an diesem Ort der Grabstätte die Haut zwischen den Welten dünner war als woanders und wir dort die Informationen der Götter leichter wahrnehmen konnten. Das war der Grundgedanke zur Errichtung von Stonehenge.

Bei der Aufstellung der Steine berücksichtigten die Erbauer aber auch ihre astronomischen Kenntnisse, um den Sonnenstand zwischen bestimmten Steinen als Kalendarium zu benützen. Damit bestimmten sie Winter- und Sommersonnwende und den optimalen Zeitpunkt zur Aussaat.

Obwohl ihr euch das heute nur schwer vorstellen könnt, war der Transport und das Aufstellen der großen Steine mit genügend Männern und Pferden für uns zwar anstrengend und langwierig, aber mit den uns zur Verfügung stehenden Mitteln kein Problem. Wir gruben den Steinen entsprechend große Löcher in den Boden und schleiften die Steine auf Rundhölzern so weit, bis sie von selbst in das Loch hineinkippten und sich dadurch aufrichteten. Der Aushub wurde zum Auffüllen des Randes benützt.

Danke für diese Ausführungen. Das war ein interessanter Einblick in eine frühere Zeit.
Ich kann mir vorstellen, dass sich nach meiner Einleitung einige fragen, warum du außer mir nur 22 andere Menschen unterrichtest.

Ich unterrichte dich und 22 andere, weil ihr damit einverstanden und dafür geeignet seid. Aber gleichzeitig inspiriere ich Millionen. Alle, die dafür offen sind, können mich erfahren und kontaktieren.

Also auch die Leserinnen und Leser dieses Buches?

Aber selbstverständlich.

Und wie sollen sie es anstellen, wenn sie dich kontaktieren wollen?

Grundsätzlich begünstigt es eure Wahrnehmung der geistigen Welt, wenn ihr in eurer Mitte seid. Aber auch ohne lange Meditationszeit könnt ihr mich einfach vor dem Einschlafen gedanklich zu euch einladen, mir eure Sorgen und Nöte anvertrauen und sie an mich abgeben. Achtet dann auf euer Gefühl, mit dem ich antworte.

Was macht ihr Engel eigentlich so?

Kannst du uns etwas darüber sagen, wann und wie man ein Engel wird?

Wenn sich eine Seele in der Materie schon so weit entwickelt hat und das Höchste der Meinung ist, dass diese Seele zu ihrer weiteren Entwicklung keinen weiteren materiellen Körper braucht, so kann sie sich in der geistigen Welt, als sogenannter Engel weiterentwickeln.

Es ist für uns Menschen schwer vorstellbar, was ihr Engel so macht. Kannst du dazu etwas sagen?

Jeder Engel macht zum Wohle aller das, zu dem er sich berufen fühlt.

Und was machst du?

(amüsiert) Das erfährst du doch jeden Tag. Ich bin ein Botschafter und das Bindeglied zwischen dem Höchsten und den Menschen, vergleichbar mit einem Pressesprecher eurer Regierung.

Mit „Pressesprecher" hast du aber erst beschrieben, was du machst. *Was bedeutet „berufen sein", was gibt es für „Berufe" bei Euch? Auf einer Wolke sitzen und Harfe spielen?*

(lacht) Du hast schon recht, Beruf kommt von „zu etwas berufen sein".
Wir haben hier Geistführer, Schutzengel und (lachend fügt er hinzu) Arschengel, und (wieder ernst),

viele, viele Koordinatoren, die die Geschicke der Menschen untereinander und mit ihren jeweiligen Lebensplänen koordinieren.

Seid ihr nur „beruflich" unterwegs oder spielt ihr auch? Erzählt ihr euch Geschichten? Wird auch mal gelacht bei euch? Erzähl mal, was du so machst, wenn du gerade nicht unterrichtest. Oder seid ihr da oben alle Streber?

Ja, wir üben unsere Berufung leicht und spielerisch aus. Geschichten brauchen wir uns nicht zu erzählen, dafür sorgt schon ihr.

Dass wir Humor haben und viel lachen, merkst du vielleicht an meinen Antworten. Zu deiner Frage, was ich mache, wenn ich nicht unterrichte, meine Gegenfrage an dich: Was machst du, wenn du nicht denkst? Und ob wir alle Streber sind? Natürlich. Wir alle streben nach Vollkommenheit.

Viele Menschen fragen sich, wo ihr eigentlich seid. Überall und nirgends? Innerhalb oder außerhalb unseres Planetensystems? In einer Parallelwelt?
Kannst du den Lesern ein Bild an die Hand geben, damit sie sich das ein bisschen besser vorstellen können?

Auch hier antworte ich mit einer Gegenfrage: Wo ist der Wind, wenn er nicht weht? Wir sind mitten unter euch, nur die meisten können uns weder sehen, noch hören oder fühlen, wenn sie sich nicht explizit auf uns, oder die geistige Welt konzentrieren.

Gott und die Welt

Gabriel, wenn wir uns unterhalten, sprichst du oft vom „Höchsten".
Ist das Höchste vergleichbar mit Gott?

Vergleichbar ja, aber Gott, Jehova, Allah, Buddha, usw. sind alles anschauungs- und religionsabhängige Namen. Als das Höchste bezeichnen wir den Schöpfer allen Seins.

Warum hat Gott die Welt erschaffen?

Warum malt ein Maler?
Er sieht in seinem Innersten wunderschöne, harmonische Farbkompositionen und Visionen, die ihn sehr berühren. Um diese Visionen auch im Äußeren wahrnehmen zu können, um sie festzuhalten, malt er diese Farben und Formen auf und spürt sie von nun an auch auf sein Äußeres einwirken. Er erfährt sein Innerstes durch sich selbst beim Betrachten seiner Schöpfung.

Warum singt ein Sänger?
Er hört in seinem Innersten Klänge und genießt die wundervollen Vibrationen und Harmonien, die in ihm sind. Um diese Vibrationen zu verstärken, und um auch im Äußeren diese Klänge und Harmonien zu erfahren und zu spüren, drückt er seine Empfindungen mit seiner Stimme aus. Er bringt mit seinem Kehlkopf sein Äußeres in diese Schwingungen und kann durch die von ihm selbst erzeugten Vibration sich auch im Äußeren wahrnehmen und sich ganzheitlich erfahren – wie im Inneren – so im Äußeren. So wie ein Maler oder Sänger, so erschuf diese Kraft

das Universum als Ausdruck seiner Selbst, um sich selbst im Äußeren zu erfahren. Alles – wir selbst, die Welt in der wir leben, die geistige Welt – alles ist der Ausdruck dieser Schöpferkraft. Jeder von uns ist ein Teil der Schöpferkraft, ob er es erkennt oder nicht.

Woher kommt diese Schöpferkraft selbst?

Das auch nur ansatzweise zu erklären, übersteigt deinen Verstand. Nimm einfach zur Kenntnis, dass die Schöpferkraft der "Ursprung" selbst ist.

Wie kann man die Aussage „Gott ist in Allem" verstehen?

Gott ist Licht.
Licht ist Schwingung.
Schwingung ist Energie.
Energie stabilisiert und bestimmt die Eigenschaften eines jeden Atoms.
Atome sind die Bausteine, aus dem sich die Materie zusammensetzt.
Daher ist Gott in allem.

Die Menschenbevölkerung nimmt ständig zu und gleichzeitig gibt es Seelen wie dich, die nicht mehr auf die Erde zurückkehren. Woher kommen all die neuen Seelen?

Ihr seid der Meinung, dass der Schöpfungsprozess irgendwann abgeschlossen gewesen sei. Dem ist aber nicht so, er geht unendlich weiter.
So werden auch ständig neue Seelenanteile aus dem Schöpfer allen Seins geschaffen, um alle Körper zu beseelen und mit dem göttlichen Funken zu versehen.

Wann tritt die Seele in den Körper ein?

Wenn sich eine Seele in der Astralebene entschlossen hat, sich in einen neuen materiellen Körper zu inkarnieren, dann sucht sie sich, in Abstimmung mit den anderen Seelen, das passende Umfeld, wie z.B. den Kontinent, das Land, die Region und die Familie aus, die ihre geplanten Erfahrungen in der Materie ermöglichen. Sie begünstigt und forciert mithilfe geistiger Helfer die Umstände, die zum Zeugungsakt ihres Körpers zwischen dem, für ihre Zwecke, idealen Vater und der idealen Mutter führen. Zeitlich so terminiert, dass bei einer idealen Planetenkonstellation die erste Zellteilung der befruchteten Eizelle erfolgen kann.

Ist der Fötus gewachsen, kann die Seele aus der Astralebene in den Fötus wechseln. Das ist der Zeitpunkt, an dem sich der Fötus zum ersten Mal bewegt und sich in der Materie bemerkbar macht.

Leid und Schicksalschläge

Gabriel, eine Frage, die viele Menschen immer wieder beschäftigt, ist die: Warum lässt Gott so viel Leid in der Welt zu?

Es ist für euch schwer zu verstehen, aber dahinter verbirgt sich ein weiser Sinn. Vergleichbar mit einem Dynamo, der sich nur durch seine in ihm verankerte gegensätzliche Polarität von positiven und negativen Elementen Energie erzeugen kann, so braucht auch die Menschheit positive und negative Impulse, um sich weiter entwickeln zu können. Ausschließlich positive oder negative Polarität würde Stillstand bedeuten.

Der Fahrrad-Dynamo produziert nur dann Energie, wenn man ihn gegen das Vorderrad klappt. Durch die Drehung des Vorderrades wird die geriffelte Metallhaube auf der Achse des Dynamos angetrieben, der dann durch die zugeführte kinetische (Bewegungs-Energie), elektrische Energie für die Fahrradlampe erzeugen kann.

Ohne zugeführte Energie, also im Stillstand, ist der Dynamo nicht in der Lage, Strom zu erzeugen. Genauso wie der Fahrrad-Dynamo die Energie des drehenden Rades braucht, um Energie erzeugen zu können, so braucht auch die Menschheit einen Antrieb, um sich zu bewegen. Leider bewegen sich die Menschen eher und mehr unter negativen, als unter positiven Einflüssen.

Betrachte doch Situationen in deiner eigenen Vergangenheit: Konstellationen, die dich störten, oder sogar schmerzten, hast du so schnell wie möglich verändern wollen. Harmonische, schöne Momente in deinem Leben, wie zum Beispiel ein erholsamer

Urlaub, erschienen dir immer zu kurz und am liebsten wäre dir gewesen, diesen Zustand beizubehalten. Deshalb bedarf es auch des Leids, damit ihr euch bewegt und in eurer Entwicklung Fortschritte macht. Aber bleiben wir bei dir. Hast du im Rückblick nicht durch negative Erfahrungen schneller und intensiver gelernt, als durch positive?

Oh ja, schneller und intensiver als mir lieb war.

Eine Frage, die mir nach meinen eigenen Erfahrungen sehr am Herz liegt: Warum müssen manche Menschen so schwere Schicksalsschläge erleiden? Warum werden einige von uns so sehr mit Schmerzen konfrontiert, obwohl sie von außen betrachtet ganz in Ordnung zu sein scheinen?

Grundsätzlich geschieht das immer mit dem Einverständnis der jeweiligen Seele, die durch diese Erfahrungen schneller reifen wird und deren Bewusstsein erst in der Zukunft erkennen kann, welche positiven Auswirkungen die momentanen, vermeintlich negativen Belastungen haben.

Egal wie schlimm ihr eure Situation momentan auch empfindet, es geschieht immer nur zu eurem Vorteil, auch wenn ihr das Positive daran erst rückblickend erkennen könnt.

Wenn ihr eure Aufgabe gemeistert habt, könnt ihr anderen Menschen, die mit ähnlichen Problemen konfrontiert sind, mit eurem Lösungsweg als Berater und Vorbild dienen und ihnen damit helfen.

Gabriel, ich kenne so viele Menschen, die in einer Depression gefangen sind. Sie wissen, dass sie sich auf dem falschen Weg befinden, spüren aber keine Kraft mehr in sich, etwas in ihrem Leben zu ändern. Und wenn sie doch einmal die Energie aufbringen und einen neuen Weg einschlagen, werden sie sehr bald wieder mit den alten Blockaden konfrontiert. Hast du einen Rat für diese Menschen?

Depressionen sind Krankheitssymptome, die das Gegenteil von Lebensfreude und Aktivität sind. Oft sind Frauen davon betroffen. Neben hormonellen Störungen als Ursache kann es aber auch euer schreiendes Ego sein, das der Meinung ist, es komme zu kurz in eurem Leben. Es schreit: „Und wo bleibe ich"? Gleichzeitig kommt die Drohung: „Wenn du mich nicht beachtest, dann mach ich nicht mehr mit, und lege alles lahm!" Die Depression entspringt aus dem Gefühl der Minderwertigkeit und der Nichtbeachtung fundamentaler Bedürfnisse der eigenen Person. Mein Rat, um dieser Situation zu entkommen, ist, das erkrankte Ego und seine Bedürfnisse liebevoll anzunehmen und es wie ein Baby wieder behutsam aufzupäppeln und ihm zu geben, was es so vermisst hat; vor allem Eigenliebe, Wertschätzung und Zuwendung. Macht eurem Ego klar, dass es nur ein Teil eurer Persönlichkeit ist. Ein weiterer Teil ist euer Gefühl. Ihr braucht den rationalen Verstand des Egos, der euch zusammen mit eurem Gefühl durch dieses materielle Leben führt, das ihr euch aus gutem Grund so ausgesucht habt. Versprecht dem Ego, dass ihr in Zukunft auf seine Bedürfnisse Rücksicht nehmt und bittet es im Gegenzug, zukünftig auf euer Gefühl Rücksicht zu nehmen.

Wenn du in Konflikt mit dem Ego gerätst, gibt es

eine einfache Übung: Beginne damit, dich aufzurichten, die Arme weit auszustrecken und mehrmals tief Luft zu holen. Danach legst du die rechte Hand auf dein Herz. Fühle die Wärme in deiner Brust. Konzentriere dich voller Liebe ganz auf diese Wärme und lass dich in dein Herz sinken, wie in eine Wanne mit einem warmen Moorbad. Bitte dein Herz darum, dich zu führen und das Ego bei seinen Entscheidungen und Wahrnehmungen zu beraten. Fühle die liebevolle Kraft und Stärke, die von deinem Herzen ausgeht und sich in deinem ganzen Körper ausbreitet und jede Zelle mit Liebe und Zuversicht füllt. Diese Übung würde ich mir angewöhnen und sie mir jeden Morgen vor dem Aufstehen und abends vor dem Einschlafen gönnen, bis sie in Fleisch und Blut übergegangen und zur Gewohnheit geworden ist. Zusätzlich empfehle ich den Betroffenen ihre Wohnung und ihren Arbeitsplatz hell und freundlich mit viel Licht und mit klaren, aufgeräumten Strukturen zu gestalten. Sollte das nicht möglich sein, so erdenkt euch einen speziell für euch geschaffenen Wellnessraum, ausgestattet mit einer Lichttherapie, angenehmer Musik und harmonischen Farben. Grundsätzlich hilft Bewegung, vorzugsweise ausgiebig und fast bis zur Erschöpfung alleine zu lauter Musik tanzen, ähnlich wie Zumba, und die Konzentration auf schöne, erfreuliche Dinge.

Woran erkennen die Menschen, welche Art von Depression sie haben? Sollten sie sich an einen Arzt wenden, um hormonelle Ursachen auszuschliessen?

Auf jeden Fall.

Was hältst du von Antidepressiva?

Das kommt auf die Verwendung an. Solange man sie wie eine Krücke nach einem Beinbruch benützt, bis das Bein wieder belastbar ist, finde ich es ein sehr gutes Hilfsmittel.

Wenn man es aber in hoher Dosierung als Schmerzmittel benützt, um die Schmerzen nicht mehr zu spüren, eliminiert es nur die Symptome und verhindert, dass man die Belastbarkeit erkennen kann. Entscheidend ist also die Dosierung.

Es gibt sicher Leser, die sich nichts unter „Ego" vorstellen können. Kannst du vielleicht noch genauer erklären, was damit gemeint ist?

Man kann es auch als Ichbewusstsein oder Selbsterhaltungstrieb im weitesten Sinne beschreiben. Es ist der Verstand in Kombination mit dem Selbsterhaltungstrieb, der sagt: „Ich zuerst, vor allen anderen."

Was sind „fundamentale Bedürfnisse der eigenen Person"? Damit kann ja kaum das Bedürfnis gemeint sein, den ganzen Tag zu schlafen, in einem abgedunkelten Raum zu liegen und keine Menschen zu treffen.

Du hast es erfasst.

Wie unterscheidet man aber fundamentale Bedürfnisse von anderen?

Ganz einfach, es sind diese Bedürfnisse, die dich glücklich und zufrieden machen (zufrieden = Frieden mit dir selber schließen).

Gibt es einen bestimmten Grund dafür, dass Depressionen in der heutigen Zeit so häufig auftreten?

Das erklärt das Wort von selbst: Depression = vom Druck befreien, ausdehnen. Viele Menschen sind in der heutigen Zeit unter Druck, werden unterdrückt und fühlen sich auch so.

Da das Thema Depression sehr umfangreich ist und individuell auf den jeweiligen Fall bezogen werden sollte, möchte ich es für dieses Buch abschließen.

Warum helft ihr eigentlich Menschen in Not nicht einfach? Ihr seht doch, wie wir leiden und obwohl ihr genau wisst, was zu tun wäre, greift ihr nicht ein und helft uns. Warum nicht?

Wenn du jemanden auf der Straße mit krummem Rücken und Schmerzen siehst, warum gehst du nicht hin, legst ihn auf den Boden und behandelst ihn? Du bist dir doch sicher, dass du ihm helfen kannst und er seine Schmerzen nicht ertragen müsste?

Das würde ich nie ungefragt machen, er hat mich weder gefragt, noch darum gebeten, – ich weiß doch gar nicht, ob es ihm überhaupt recht wäre, sich von mir behandeln zu lassen!

Genau das ist auch der Grund, warum wir nicht eingreifen.

Ihr lebt in einer Dimension des freien Willens, den wir achten und respektieren. Natürlich sehen wir, wie ihr euch plagt und leidet, aber solange ihr nicht klar und deutlich euren Willen zum Ausdruck bringt, dass euch geholfen werden soll, so lange werden wir euch nur über eure Intuition förderliche Hinweise geben, aber ohne direkt einzugreifen. So habt ihr die

Entscheidungsfreiheit, ob ihr eurem Verstand, oder
eurer Intuition folgt.

Wenn ihr uns aber ganz klar und eindeutig um Hilfe
bittet und das für euch scheinbar unlösbare Problem
an uns abgebt, erst dann können wir helfen und zum
Wohle Aller wirken, vorher nicht.

Gabriel, die meisten der bisherigen Fragen habe ich stellvertretend für
andere gestellt. Ich habe jetzt eine Frage die schon lange in mir schlum-
mert, da ich mich in der Vergangenheit schon oft vergeblich
abgerackert habe, um etwas zu erreichen, nur um schlussendlich zu
erkennen, dass es besser gewesen wäre, es sein zu lassen, oder etwas
ganz Anderes zu machen.

Wie kann ich erkennen, ob der von mir gewählte Weg richtig oder
falsch ist?

Richtig und falsch, gut und schlecht sind Ansichten,
die ein Urteil je nach dem Standpunkt des Betrach-
ters darstellen. Lass uns lieber von fließendem oder
blockiertem Weg sprechen.

Das zu erkennen ist ganz einfach:

Ist ein Vorhaben, ein eingeschlagener Weg leicht,
harmonisch und schön für dich, spürst du, wie sich
die Ereignisse um dich herum wie Eisenspäne um
einen Magneten ausrichten und du den Eindruck
hast, alle Türen und Tore öffnen sich von selbst vor
dir, um dieses Vorhaben zu begünstigen und voran-
zutreiben, einfach gesagt, wenn es nur so "flutscht"
und du ohne große Anstrengung mit Freude diesen
befriedigenden Weg gehen kannst, dann bist du eins
mit deinem Innersten und der Vorsehung. Du solltest diesen Weg auf jeden Fall beibehalten, weil alles
im Fluss und gut und richtig für dich ist.

Ist aber das Gegenteil der Fall, bäumen sich vor dir

scheinbar unüberwindliche Hindernisse auf, rennst du gegen Mauern, fühlst du dich von allen Seiten blockiert, behindert und es bedarf einer fast übermenschlichen Anstrengung dieses Vorhaben "durchzuboxen", diesen Weg beizubehalten, dann entspringt dieser Weg allein deinem Verstand und deinem Ego. Dein Innerstes ist nicht damit einverstanden und versucht dich mit allen Mitteln von diesem Ziel abzubringen und produziert einen Widerstand nach dem anderen.

Du solltest wirklich schnellstens in dich hineinspüren, ob es nicht einen einfacheren und harmonischeren Weg für dich gibt, einen, mit dem auch dein Bauch, von dem du ja genügend hast, zufrieden ist und nicht mehr blockieren muss.

Hey hey, sag mal lieber Bäuchlein- so schlimm ist's auch wieder nicht.

OK, aber ein Sixpack hast du auch gerade nicht.

Stimmt, das muss ich zugeben.

Ich habe in der Einleitung schon erzählt, wie du mir geraten hast, neue Wege gedanklich vorzubereiten. *Ist das auch die Lösung für verfahrene Situationen? Sich die Zukunft neu zu erdenken?*

Ja, richtungsweisend.

Der Schotter auf meiner Hauseinfahrt ließ sich relativ gut visualisieren, mit Situationen und Abläufen ist das aber ungleich schwieriger. Durch meine Seminare und meine Meditationsgruppe weiß ich, dass viele Schwierigkeiten haben, sich intensiv auf etwas zu konzentrieren.

Kannst du mir ein Beispiel an die Hand geben, um ihnen die Bedeutung der Konzentration ihrer Gedanken bildhaft erklären zu können?

Es ist wichtig für dich, dass du deine Gedanken und Vorstellungen konzentrierst. Stelle dir einen Bach vor, durch den 100 Liter Wasser pro Sekunde fließen. Ist das Bachbett flach und das Wasser verteilt sich in die Breite, wie in einem Flussdelta, so fließt das Wasser träge und hat keinerlei Kraft. Jedes noch so kleine Hindernis staut den Strom und zwingt das Wasser, sich über lange Zeit anzusammeln, um das Hindernis zu überwinden, oder einen anderen Weg zu nehmen, weil die Wasserkraft nicht ausreicht, um die Blockade zu entfernen.

Ist der Bach jedoch kanalisiert, gerade, glatt und sein Querschnitt genau richtig um diese 100 Liter in sich aufzunehmen, wird die gleiche Menge Wasser so schnell und so kraftvoll fließen, dass fast alle Hindernisse weggerissen werden. Selbst durch massiven Felsen wird sich dieser kraftvolle Strom seinen Weg bahnen.

Konzentriere deshalb deine Gedanken, deine Vorstellungen und Wünsche, damit für die Kraft deiner Gedanken kein Hindernis zu groß ist.

Gerade heute warte ich auf eine Antwort meiner Anwältin, der ich gestern verschiedene Dokumente zur Durchsicht gemailt habe, damit sie mich in einer finanziellen Angelegenheit berät. Früher hätte ich mir über ihre mögliche Antwort den Kopf zermartert und wäre total blockiert gewesen.

Dass dem heute nicht mehr so ist, habe ich dir zu verdanken. Schon vor Monaten hast du mir gezeigt, was ich tun soll, um nicht immer von meinen Erwartungen gelähmt zu werden.

Kannst du für die Leser noch einmal wiederholen, was du mir damals geraten hast?

Genau wie für eure Wünsche so gilt das gleiche auch für eure Erwartungen. Hört auf, etwas zu erwarten. In diesem Wort ist „warten" enthalten, gleichbedeutend mit Stillstand, Ungeduld und Lähmung, die sich erst auflöst, wenn das Ereignis eingetreten ist, das ihr euch vorgestellt habt (ihr stellt etwas zwischen die Realität und eure Wahrnehmung).

Es wäre wesentlich vorteilhafter für euch, wenn ihr eure Wartezeit für etwas Sinnvolles nützt und ihr euch ohne Vorstellung einfach auf das freut, was euch geschenkt werden wird. Oder wenn ihr euch ausschließlich auf eure momentane Arbeit konzentriert, ohne an das zu denken, was eventuell kommen könnte.

Ich möchte euch auch sagen, dass es weniger entscheidend ist, was ihr tut, sondern warum, also aus welchem Beweggrund heraus, ihr etwas macht. Wenn du beispielsweise versuchst einem Menschen mit einer Herzmassage zu helfen und du brichst ihm dabei eine Rippe, ist das eine ganz andere Geschichte, als wenn du ihm bei einer Handgreiflichkeit eine Rippe brichst.

Genauso verhält es sich, wenn du etwas verschenkst. Gibst du etwas aus Liebe, um dem anderen eine Freude zu machen und zu helfen, oder nur um deine Großzügigkeit zu demonstrieren, macht es einen großen Unterschied. Gebt also immer darauf acht, was euer Beweggrund für das ist, was ihr tut, oder tun wollt.

Nach dem Erscheinen des Buches „Bestellungen ans Universum" tauchte bei einem Seminar die Frage nach der richtigen Formulierung unserer Wünsche auf, damit diese eintreffen können. *Ich fand das eine gute Frage und gebe sie hiermit an dich weiter.*

Ihr lebt in einer Zeit des Wandels. Durch die stetige Frequenzerhöhung materialisieren sich eure Gedanken schneller als noch vor zehn Jahren. Was nur wenigen eurer Ahnen möglich war – die Materialisation der Gedanken – wird in Zukunft immer mehr Menschen möglich sein. Deshalb achtet auf eure Gedanken, was ihr denkt, und was ihr euch wünscht. Es wird zur Realität werden. Genau so, wie ihr es euch vorstellt.

Je konzentrierter und intensiver ihr denkt, desto schneller werdet ihr das Ergebnis eurer Denkstrukturen erhalten. Lernt, eure Wünsche so zu formulieren, dass sie keinem schaden und jedem nützen und dann loszulassen, wie einen Pfeil, den ihr abschießt.

Haltet ihr aber an euren Wünschen fest, wird der Pfeil wie an einem Gummiseil zurückschnellen und nicht zum Ziel führen.

Wir sind immer für euch da und koordinieren den optimalen Weg zur Realisierung eurer Wünsche, im Einklang mit allen anderen Wesen und zum Wohle aller.

Diesen geebneten Weg zur Erfüllung eurer Wünsche und zur Lösung eurer Probleme, abgestimmt mit eurem Lebensplan und dem der anderen, wird gestört, wenn ihr euch wiederholt nur auf euch selbst fokussiert. Das ist vergleichbar mit einem Orchester, das eine harmonische Einheit bildet, weil sich alle Musiker dem Dirigenten unterordnen und aufeinander acht geben. Ein einzelner Musiker, der egozentrisch nur sich und sein Instrument beachtet, würde die Harmonie und den Einklang stören und zum Missklang des ganzen Orchesters führen.

Du sprachst von einer „Zeit des Wandels", meinst du damit die Transformation ins Wassermannzeitalter?

Ja, genau. Ich meine die Frequenzerhöhung und die damit verbundene Bewusstseinsanhebung der Menschheit durch veränderte planetarische Konstellationen.

Wann ist denn die Transformation der Menschheit ins Wassermannzeitalter abgeschlossen?

Stelle dir eine Raupe vor, die von einem Baum herunter, über die Straße zu einem Baum auf die andere Straßenseite kriecht. Wann hat sie die Straße überquert?
Wenn der Kopf auf der anderen Seite ankommt, oder wenn ihr Hinterteil auch auf der anderen Seite ist? Ich will damit sagen, dass erst, wenn der letzte Mensch die Umwandlung hinter sich hat, die Frequenzerhöhung abgeschlossen ist.
Deshalb unterstützt eure Brüder und Schwestern in Liebe und Nachsicht dabei, das Ziel in ihrem Tempo zu erreichen.

Das bringt mich zu einer Frage, die mir ein Bekannter einmal gestellt hat. Er fühlte sich immer für jeden und alles verantwortlich. Er konnte diesem Gefühl nicht entfliehen, so dass er richtig darunter litt.

Was denkst du über Verantwortung?

Die deutsche Sprache birgt viele Weisheiten in der Bedeutung ihrer Wörter, wenn man die Teile aus dem sich das Wort zusammensetzt, einzeln betrachtet.

Das in Verantwortung enthaltene Wort „Antwort" fällt zuerst ins Auge. Verantwortung heißt demnach vorrangig eine Bitte oder Frage zu beantworten. Im übertragenen Sinn bedeutet das, nur für das Verantwortung zu übernehmen, worum wir gebeten worden sind, oder für etwas, für das wir ursächlich verantwortlich sind. Im Umkehrschluss heißt das, dass wir uns für Handlungen anderer nicht verantwortlich fühlen sollen, solange wir nicht darum gebeten wurden, diese Verantwortung zu übernehmen. Aus unserer Sicht ist jede Seele selbst für ihre Taten verantwortlich und muss dafür die Verantwortung tragen, kein anderer.

Du hast uns erklärt, wie persönliches Leid unserer Entwicklung dient und dass wir, indem wir auf unseren Bauch hören, und unsere Gedankenkraft nutzen, auch manche schwierige Situation beenden können. Aber wie sieht es aus, wenn Leid nicht nur einen einzelnen Menschen betrifft?
Die Medien sind voll von Meldungen über Terror und Gewalt. Oft sind ganze Bevölkerungsgruppen von großem Leid betroffen. Müssen sie (und wir, die wir zusehen) dieses Leid einfach hinnehmen oder hast du für diese Menschen eine tröstende Botschaft?

Blicken wir in eurer Geschichte zurück auf den Zweiten Weltkrieg. Wie schrecklich und menschenverachtend war diese Zeit. Und was habt ihr daraus gelernt? Sensibel auf radikale Strömungen und

Machtstrukturen zu reagieren, weil ihr nie wieder Krieg haben, sondern in Frieden leben wollt. Aus Krieg ist Frieden entstanden, oder in Deutschland aus Trennung die Wiedervereinigung. Blickt auf die Nationen, die diese schlimmen Erfahrungen noch nicht im eigenen Land erleben mussten, wie viel Gewaltbereitschaft dort noch existiert.

Das (momentane) Leid hat das Ziel, die Entwicklung zum Gegenteil, nämlich zum Glück zu bewirken.

Und wir, die wir in einem sicheren Land leben, können wir diesem Prozess einfach nur tatenlos zusehen? Oder gibt es etwas, was wir für diese leidgeprüften Menschen tun können?

Wenn ihr etwas an eurer Situation, oder der Welt verändern wollt, so versucht es nicht mit Gewalt. Auch Angst, Zorn oder das Gefühl von Ungerechtigkeit sind ungünstige Voraussetzungen zur Lösung eines Problems. Vorteilhafter wäre in die Stille zu gehen und im Herzen die bedingungslose Liebe zu fühlen, die euch von uns entgegengebracht wird und aus dieser Liebe heraus zu handeln. Wenn jeder einzelne mit sich im Frieden und in der Liebe lebt, wird er mit seiner Gesinnung ein Vorbild für seine Kinder und sein Umfeld sein. Mit jedem einzelnen, der dieses für sich umsetzen kann, wird auch die ganze Welt etwas liebevoller und friedlicher werden.

Fragen zur Religion

Viele dieser Konflikte, die wir zurzeit auf der Welt beobachten, werden im Namen der Religion ausgetragen.
Was haltet ihr davon, wenn sich Anhänger unterschiedlicher Religionen bekriegen, wie z.B. in Nordirland?

In unseren Augen ist es das gleiche, wie wenn sich zwei Brüder prügeln, weil jeder von ihnen behauptet, dass sein Vater besser wäre, als der des anderen. Es stimmt uns auf jeden Fall traurig.
Die Religionszugehörigkeit ist nur ein Vorwand und Deckmantel, um die wirklich zugrundeliegende Motivation und eigene Aggression vor sich und der Welt zu rechtfertigen.
Das trifft im Übrigen auf alle Menschen zu, die vorgeben, aus Religionsgründen grausame Taten zu begehen.

Was haltet ihr eigentlich ganz grundsätzlich von unseren Religionen?

Solange eure Religionen euch in eurem Glauben unterstützen und euch die Möglichkeit bieten, intensiver mit dem Höchsten in Kontakt zu treten, ist überhaupt nichts dagegen einzuwenden. Sobald die Religion oder Glaubenszugehörigkeit aber zwischen den Menschen und dem Höchsten steht und euch Bedingungen einredet, durch deren Einhaltung ihr angeblich dem Höchsten näherkommen könnt, dient es nur zur Festigung des Machtanspruchs der Religion gegenüber dem Menschen. Sind dabei auch noch materielle Aspekte enthalten, so ist diese Religion nicht dafür geeignet den Menschen zu helfen, sondern nur dazu, zu unterdrücken und auszubeuten.

Eine Gegenfrage: Weißt du überhaupt wer die erste Religion geschaffen hat?

Nein, wer denn?

Das geschah durch Luzifer. Auch er war ein Erzengel und seine Aufgabe war, das Licht des Höchsten den Menschen zu bringen, um sie damit zu nähren und zu erleuchten. Während seiner Aufgabe kam ihm allerdings der Gedanke, den Menschen das göttliche Licht nicht einfach bedingungslos, so wie vorgesehen, zu überbringen, sondern nur unter bestimmten Voraussetzungen. Darum täuschte er vor, seine Regeln befolgen und ihn anbeten zu müssen, um dieses Licht zu erhalten. Somit hatte er sich zwischen den Höchsten und die Menschen gestellt, und damit die erste Religion geschaffen.

Ich weiß noch genau, wie erstaunt, ja entsetzt ich war, als Gabriel mir dieses im Auto auf dem Parkplatz des Krankenhauses von Manacor (Mallorca) erzählte, als ich auf Nadja wartete, die uns einen Kaffee to go holen wollte. Noch nie hatte ich Religion mit Luzifer in Verbindung gebracht. Was mir Gabriel da erzählte, war mir vollkommen unbekannt. Das war der Auslöser dafür, dass ich ihn noch oft nach seiner Meinung über den Glauben, das Christentum und die Bibel befragte.

Gabriel, wie sieht es mit der Bibel aus? Ist sie wirklich das Wort Gottes und damit unantastbar und wahr?

Ich bin der Ansicht, dass die Bibel auf noch älteren Texten aus der vorchristlichen Zeit aufgebaut wurde und dass ihr heutzutage die darin enthaltenen Informationen nicht mehr wortwörtlich, sondern nur noch sinngemäß im Kontext zur damaligen Zeit verstehen solltet. (lächelt) Man kann die heutige Bibel mit dem Kinderspiel "Stille Post" vergleichen. Ein gutes Beispiel ist der Begriff „Jungfrau Maria". Es kann doch im ursprünglichen Sinn nur eine junge Frau namens Maria gemeint gewesen sein. Der Begriff „Jungfrau" veranlasste die Religion eine „unbefleckte" Empfängnis daraus zu machen. Schon der Ausdruck „unbefleckt" ist eine ungeheuerliche Suggestion, die alles Körperliche in den Schmutz zieht. Wenn der Verfasser zur damaligen Zeit die Jungfräulichkeit von Maria im heutigen Sinne hätte ausdrücken wollen, so hätte er vermutlich den Begriff „unberührt" verwendet. So aber wird ein normales, menschliches Verlangen gleichgestellt mit Verbotenem, Schmutzigem und einem „Pfui, das tut man nicht".

Ein Konflikt zwischen Verlangen und moralischer Vorgabe der Religion ist dadurch, ob gewollt oder nicht, vorprogrammiert.

Ich tendiere dazu, dass dieses mit Absicht geschah, um von vornherein den normalen menschlichen Sexualtrieb als sündhaft zu belegen. Damit wurdet ihr alle zu kleinen Sünderlein, ständig in Angst, etwas Unrechtes zu tun oder zu begehren. Mit diesem schlechtem Gewissen konnte man euch besser in Schach halten. Die Kirche besaß dann obendrein noch die Dreistigkeit, den angeblichen Sündern, nach der erzwungenen Beichte, die Möglichkeit anzubieten, gegen bestimmte Gebete, oder im äußersten Fall, gegen Zahlung einer Ablassgebühr die nicht existierende und frei erfundene Verfehlung zu erlassen. Grundsätzlich solltet ihr immer bedenken, dass die Bibel von Menschen geschrieben wurde und deren Inhalt schon öfter, je nach Absicht der Kirche, einfach nach deren Vorgabe umgeschrieben wurde, um die Gläubigen noch besser kontrollieren zu können.

Vieleicht kannst du an dieser Stelle sagen, was ihr über unsere Sexualität denkt?

Ich möchte dir die Antwort des Höchsten dazu geben: Wir gaben euch eure Körper, damit ihr Freude daran habt. Das bedeutet, solange ihr und euer Partner diese freiwillig und mit Freude ausübt, ist eure Sexualität von eurem Schöpfer so gewollt und wenn ihr sie in Liebe und Achtsamkeit praktiziert, erfüllt es uns mit Freude.

Viele Religionen bezeichnen gleichgeschlechtliche Partnerschaften als Sünde. Wie steht ihr dazu?

Wie kann denn Liebe Sünde sein? Du liebst eine in der Materie wiedergeborene Seele, die sich mal als Frau und mal als Mann, je nach ihrem Wunsch, durch die Materie bewegt, genau wie du auch. So ist deine Liebe zu dieser Seele einmal gleichgeschlechtlich, oder ein anderes Mal gegengeschlechtlich. Wichtig ist allein die Liebe zu der anderen Seele und nicht die momentane Konstellation eurer Geschlechter.

Gabriel du weißt, ich bin als Christ erzogen worden. Existierte Jesus wirklich? Und war er Gottes Sohn?

Auf diese Frage habe ich schon gewartet. Ja, es gab einen Jesus von Nazareth, geboren von der Jungfrau Maria und er war Gottes Sohn.

Was war die „Bestimmung" von Jesus. Weswegen kam er auf die Erde?

Er sollte mit seiner Anwesenheit die Präsenz des Höchsten auf der Erde in der Materie verkörpern und all denjenigen Menschen, die ziel- und sinnlos wie blinde Schafe durch ihr Leben rennen mit seiner Sanftmut, Liebe und seiner engen Verbindung zum Höchsten ein Vorbild sein. Er sollte vorleben, wie man in inniger Verbundenheit mit dem Höchsten durch das irdische Leben schreiten und dadurch alle Anfeindungen, Ungerechtigkeiten und selbst den Tod überwinden kann, wenn man dieses unerschütterliche Vertrauen zum Höchsten in sich hat, das ungeahnte Stärke und Mut verleiht.

Ich bin evangelisch und vieles, was du kritisierst, trifft auf die katholische Kirche zu.
Da frage ich mich, wie ist das mit dem Papst? Ist er wirklich ein Nachfolger Petri und der Vertreter Gottes auf Erden?

Das Höchste hat keinen Vertreter auf Erden bestimmt. Der Papst ist zwar das Oberhaupt der katholischen Kirche, aber das Oberhaupt einer materiell ausgerichteten Organisation, egal welcher Art, kann kein Nachfolger von Petrus, dem Diener aller Menschen und des Höchsten sein, zumal auch dieser nie einen Nachfolger bestimmt hat. Der Aussage der Kirche ist so viel Wahrheitsgehalt beizumessen, wie der Aussage eines Hochstaplers, er wäre vom Kaiser von China zu seinem Nachfolger ernannt worden. Allerdings muss ich auch sagen, dass der derzeitige Papst Franziskus, ein herzensguter, ehrfürchtiger und demütiger Mann ist. Er kann aber leider gegen die erstarrten Herzen und Machtstrukturen des Vatikans nur so viel ausrichten, wie Don Quichotte gegen die Windmühlen.

Straft mich Gott, wenn ich gegen die 10 Gebote verstoße?

Das Höchste sagt: "Ich bin nicht der zürnende und strafende Gott, für den ich von denjenigen ausgegeben werde, die versuchen, in meinem Namen Macht über euch zu haben.
Nein, ich bin der euch über alles liebende, alles verzeihende Vater. Meine große Liebe zu euch ist tausendmal, ja millionenfach größer, als ihr euch überhaupt die größte Mutterliebe vorstellen könnt."

Was ist dann eigentlich Sünde aus deiner Sicht? Wie kann ich erkennen, ob ich das, was ich tue, im Einklang und mit der Zustimmung Gottes mache und nicht aus meinem Verstand und Ego heraus?

DU bist Gott, du bist ein Teil von ihm, und er ist LIEBE.

Soll das im Klartext heißen, wenn ich etwas aus und mit Liebe tue, dann ist es göttlich?

Ja, so ist es.

Wenn ich also etwas aus absolut reiner Liebe heraus mache, ist es Gott, der dieses tut, und wenn ich etwas aus Angst, Berechnung oder Egoismus mache, ist es mein Verstand, mein Ego und nicht göttlich?

Ja, so ist es, du scheinst es zu verstehen.

Das ist aber sehr schwer. Das ist zwar bestimmt nicht unmöglich, aber ich muss mein ganzes Denken, meine ganzen bisherigen Ansichten und mein Weltbild komplett umkrempeln.

Ja, das musst du, und es ist auch dein Weg. Deshalb bist du in diese Welt gekommen, um diese Erfahrung zu verinnerlichen. Jedes Mal, wenn du etwas aus Furcht machst, vertraust du deinem Verstand, deinem Ego, mehr, als der allwissenden Göttlichkeit und der Liebe in dir. Das ist genau das, was man als Sünde bezeichnet. Sünde bedeutet „getrennt sein von der Liebe", also von Gott.

Die Sünde in dem Sinn gibt es also nicht.
Gibt es denn den Himmel, die Hölle und den Teufel?

Ja und zwar in euch selbst. Ihr habt ein ganzes Leben lang Zeit, Himmel oder Hölle in eurem Innersten zu schaffen. Ihr habt die freie Wahl in dem, was ihr erschafft.

Gabriel, ich verstehe voll und ganz, was du damit meinst. Einige werden jedoch zu deiner Antwort noch Fragen haben. Zum Beispiel was das heißt, „ich schaffe die Hölle in meinem Inneren"?
Meinst du, wir machen uns das Leben zur Hölle? Oder bedeutet das, dass wir nach dem Tod in die Hölle kommen, die wir uns während unseres Lebens vorstellen?

Auf deine Frage, ob ihr euch das Leben zur Hölle macht muss ich meistens mit „Ja" antworten. Ihr geht viel zu ernst und zu kompliziert mit eurem Leben um. Vor allen Dingen gebt ihr eurer Angst viel zu großen Raum und Macht.

Du kannst während deines irdischen Lebens in deinem Inneren ein Umfeld und eine Grundhaltung erschaffen, die maßgeblich auch dein Umfeld nach deinem Tod bestimmt, der den Übergang in dein ewiges, geistiges Leben bedeutet. Also ist es ratsam, schon während des kurzen Lebens in der Materie das Umfeld für das ewige Leben in der spirituellen Welt anzulegen. Frei nach dem Motto: „Wie man sich bettet, so liegt man". Es liegt also nur an dir, wie du dich auf dein ewiges Leben vorbereitest. In deinem irdischen Leben zahlst du ja auch in die Rente ein, um im Alter versorgt zu sein.

Das ist ja alles gut und schön, aber kannst du uns auch sagen, wie man seinen Himmel erschaffen kann, oder womit man sich die Hölle erschafft?

Beginnt zuerst mit eurer Gedankenhygiene. Achtet immer darauf, was ihr denkt – versucht, stets positiv und friedfertig zu denken. Ein weiterer großer Schritt ist, Vertrauen in die weise göttliche Führung und Vorsehung zu haben, die nur das Beste für euch vorsieht. Konzentriert euch auf das schöne in eurem Leben und lernt den göttlichen Funken in euch und die Verbindung mit dem Höchsten zu erkennen.

Solltet ihr Schwierigkeiten mit dem einen oder anderen haben, was wir absolut verstehen, so öffnet einfach euer Herz und bittet euren himmlischen Vater euch zu helfen.

Wenn ihr meine Vorschläge beherzigt und sie zu eurer Grundeinstellung werden, dann habt ihr den Himmel in euch. Das Gegenteil, also ständige negative, zornige, hasserfüllte Gedanken spalten euch von der Liebe, also von Gott, ab und schaffen die Hölle in euch.

Auch der sogenannte Teufel in euch, den ich eher Widersacher nennen würde, existiert. Er möchte euch davon abhalten, liebevolle, aus dem Herzen entspringende Entscheidungen zu treffen, und gaukelt euch vor, dass eine egoistische, nur euer eigenes Wohl berücksichtigende, Entscheidung die bessere Wahl wäre. Jedes Mal, wenn ihr euch für die liebevolle Möglichkeit entscheidet, habt ihr einen Sieg gegen den Teufel in euch errungen.

Wenn ich dir so zuhöre, drängt sich die Frage auf, ob wir überhaupt Religionen brauchen?

Nein, die Verbindung mit der Schöpferkraft bedarf keinerlei Religion. Im Gegenteil, Religion lenkt nur vom Wesentlichen ab.

Und was ist wesentlich?

Dass ihr in die Kraft und die Verbindung mit dem Höchsten eintaucht. Dass ihr Ihn und seine Liebe in euch spürt.

Gabriel, du hast mich in der Vergangenheit gelehrt, wie ich den Schöpfer in mir fühlen und mit ihm in Verbindung kommen kann. Kannst du den Menschen eine Metapher, eine Vorstellung geben, wie sie den Schöpfer und seine Liebe fühlen können, ohne dass sie lange vorher meditieren müssen?

Wenn ihr euch abends ins Bett legt und kurz vor dem Einschlafen seid, stellt euch vor, in einer kalten, verschneiten Winternacht in einem kleinen Zelt in

eurem warmen, gemütlichen Schlafsack zu liegen.
Freut euch darüber, dass ihr hier so schön warm und
geborgen seid. Fühlt euch so richtig rundum wohl-
behütet, geborgen und warm. So, wie ihr den
Schlafsack fühlen könnt, so seid ihr auch in die
Schöpferkraft eingebettet. Schlaft selig in diesem
Gefühl der Wärme und Geborgenheit ein und dankt
dem Schöpfer dafür, dass er euch beschützt und
euch alles gibt, was ihr braucht.

*Das erinnert mich an die Abendgebete vor dem Ins-Bett gehen. Men-
schen die, wie ich, regelmäßig beten, werden ja heute oft belächelt, viele
halten das für antiquiert und sinnlos, was denkst du darüber?*

Beten ist sehr wichtig, vor allem, weil ihr beim Beten
den Kontakt mit dem Höchsten herstellt und festigt.
Ein weiterer Vorteil ist, dass ihr euch erleichtern und
eure Sorgen und Nöte an den Höchsten abgeben
könnt. Ich möchte euch dazu eine Vorstellung geben, wie ihr das machen könnt: Ihr kennt vielleicht
das Sternentor aus dem Film Stargate. Wenn ihr betet, stellt euch vor, dass ihr vor diesem Tor steht und
dahinter das Höchste ist. Beim Beten werft ihr alles,
was euch belastet, durch dieses Tor. Wenn es große,
umfangreiche Dinge und Situationen sind, packt es
in eine Schubkarre, oder schiebt es einfach hindurch,
egal um was es sich auch handelt. Der Hintergrund
ist, dass ihr es in diesem Moment loslassen könnt
und die Belastung von euch abfällt. So könnt ihr wieder leichter euren Aufgaben nachgehen und habt
den Kopf frei für aktuell anstehende Dinge. Es ist
vollkommen gleich, ob ihr zu Jesus, Gott, Maria,
dem Heiligen Geist, oder sonst einem spirituellen

Wesen betet, es kommt immer an der richtigen Adresse in der geistigen Welt an.

Zum Abschluss dieses Themas möchte ich Ihnen noch eine Anekdote aus meiner Zeit als Geschäftsmann erzählen:

In meiner Firma durften z.B. auch Kirchengemeinden zum Großhandelspreis ihre Kerzen und Dekorationen einkaufen. Eines Tages stand der evangelische Pfarrer meines Wohnorts an der Kasse und stellte sich als mein zuständiger Pfarrer mit den Worten vor: „Obwohl ich ihr Pfarrer bin, habe ich sie leider in meiner Kirche noch nie begrüßen dürfen."

Ich antwortete ihm: „Ja, das stimmt, aber würden Sie bei intimen Gesprächen einen Dolmetscher hinzuziehen, obwohl Sie die Sprache des Gesprächspartners fließend sprechen?"

Er schaute mir in die Augen und erwiderte bedächtig: „Ich verstehe Sie und kann Ihnen da nichts entgegnen."

Lieber Gabriel, ich danke dir von ganzem Herzen für das erkenntnisreiche Gespräch.

Eine liebe Freundin, die das Manuskript gelesen hat, ist der Meinung, dass es manchmal fast ein wenig zu einfach klingt, was du uns vorschlägst.

Kannst du zum Schluss noch etwas dazu sagen?

Ja, es ist in Wirklichkeit alles ganz einfach, jedoch dein Verstand und falsche, eigennützige Gurus gaukeln dir vor, dass viele Dinge kompliziert wären. Ihr kommt mir manchmal vor, als ob ihr am Strand eine Sandburg bauen möchtet und euch überlegt, wo ihr wohl den Sand dafür herbekommt.

Ich möchte damit sagen, dass alles, was ihr braucht, schon im Überfluss vorhanden ist. Ihr müsst es nur erkennen und benutzen.

Lasst euch von eurem Herzen und Gefühl durchs Leben leiten, nicht von eurem begrenzten, an allem zweifelnden Verstand.

Schutz- und Willenserklärungen

Hier folgen von Gabriel empfohlene Willenserklärungen gegenüber der geistigen Welt, die wir laut aussprechen und verinnerlichen können.

Schutz- und Willenserklärung gegen Anhaftungen

Ich verbiete allen Geistwesen mich ohne meine ausdrückliche Erlaubnis zu beeinflussen oder zu benutzen, außer sie stammen aus den höchsten gottverbundenen Ebenen.

Das ist mein fester Wille.

Amen.

Willenserklärung zur Wertschätzung

Ich bin ein wertvoller Mensch, beschützt, behütet und über alle Maßen geliebt von meinem Vater, dem Schöpfer des Himmels und der Erde. Seine Flamme lodert in meinem Herzen als Zeichen dafür, dass ich sein geliebtes Kind und Teil von Ihm selbst bin. Er gab mir meinen freien Willen, damit ich lerne, was gut und förderlich für meine Entwicklung ist.

Es ist mein fester Wille, dass ich als Mensch, so wie ich bin, geachtet, geschätzt und angenommen werde. Ich lasse es nicht zu, dass ich verletzt, benützt und betrogen werde.

Ich danke Gott, meinem Vater, dass er mich in seiner unendlichen Weisheit so geschaffen hat, wie ich bin, dass er mir die Kraft und den Mut gibt, Dinge zu ändern, die ich ändern muss, und Dinge zu ertragen, die nicht zu ändern sind. Und ich bitte darum, dass er mich erkennen lässt, was ich ändern, und was ich ertragen muss.

Schlusswort

Liebe Leserinnen und Leser,

ich hoffe, dass ich Ihnen in diesem Büchlein die Ansichten der geistigen Welt über unser irdisches Dasein und deren Ratschläge vermitteln konnte.

Es würde mich freuen, wenn es Ihnen dabei hilft, Ihre eigenen Fragen zu beantworten und Ihnen nützliche Aspekte für zukünftige Entscheidungen geben wird.

Wenn Sie Hilfe suchen, scheuen Sie sich nicht, mir eine Email zu schreiben (Praxis@ofaatu.de).

Ich bin ein Mensch aus Fleisch und Blut. Nicht umsonst heißt meine Praxis „OFA a TU" – aus dem Polynesischen übersetzt „LIEBE an DICH".

Das ist nicht nur ein Name, sondern das habe ich mir zum Motto gemacht und bemühe mich, es jeden Tag zu leben.

Eine große Bitte an Sie

Sie haben dieses Buch bis hierher, dem Ende, durchgelesen. Das zeigt, dass es Sie interessiert hat und es Themen enthält, denen Sie Ihre Aufmerksamkeit geschenkt haben. Dafür danke ich Ihnen.

Sie haben dieses Buch gefunden, vielleicht nur durch puren Zufall, oder durch die Empfehlung eines Freundes, der es schon gelesen hat und der Sie darauf aufmerksam machte. Vielleicht haben Sie auch eine Rezension über dieses Buch gelesen, um zu entscheiden, ob es etwas für Sie wäre.

In der heutigen reizüberfluteten Medienwelt ist es sehr schwer, das Passende für sich herauszufinden, deshalb richte ich hier meine große Bitte an Sie:

Erleichtern Sie anderen Menschen, sich für oder gegen dieses Buch zu entscheiden, in dem Sie IHRE Meinung (Rezension) darüber auf der Plattform schreiben, über die Sie auf dieses Exemplar aufmerksam wurden (z.B. Facebook, meine Homepage oder Amazon). Schreiben Sie, was SIE von diesem Buch halten, wie IHR Eindruck vom Inhalt ist und ob SIE es empfehlen können – oder, was ich nicht hoffe, auch nicht.

Ich weiß, eine Rezension zu schreiben und einzustellen ist nicht in einer Minute erledigt, deshalb, egal, wie Ihre Beurteilung auch ausfällt, möchte ich mich vorab für Ihre Mühe ganz herzlich bei Ihnen bedanken.

Rolf Hofmann

Ebenfalls vom Autor erschienen

Bezugsquellen und Leseproben finden Sie auf meiner Homepage *www.ofaatu.de* / meine Bücher.

Not Wendet

19,85 €
Paperback
ISBN: 978-3-7345-6239-6

Erhältlich als Print, eVoice und eBook

Inhalt: Das Buch beschreibt den Gleitschirmabsturz des Autors, durch den all seine Vorstellungen und Lebenspläne in Sekundenbruchteilen zunichte und wertlos werden.

Offen und ungeschminkt schildert Rolf Hofmann die selbstkritische Überprüfung seiner Werte und seine Empfindungen bei den „notwendigen" Erlebnissen, die ihn erbarmungslos dazu zwingen, sein Leben und seine Denkweise zu verändern. Anscheinend reichte sein Absturz zur Veränderung nicht aus, weshalb er in den darauffolgenden Jahren mit schmerzlichen Ereignissen nur so bombardiert wird, gekrönt von einem lebensbedrohlichen Schlaganfall, der ihn in den Rollstuhl zwingt. Wie ein Stück Schnitzelfleisch wird er vom Leben regelrecht weichgeklopft und zermürbt.

Er erzählt ehrlich, wie er durch seine schmerzhaften Erlebnisse die liebevolle Fürsorge der geistigen Welt und deren Gesetzmäßigkeiten kennenlernt und dadurch zu einem in sich ruhenden, zufriedenen, ja glücklichen Menschen heranreift.

Zittern und Lachen Sie herzhaft mit ihm, und erkennen Sie dabei auch die Spielregeln Ihres Lebens etwas deutlicher.

Diese Ausgabe ist eine Neuauflage und Fortsetzung des Erstlingswerkes des Autors.

Kommentare der Leser:

Schon der Titel ist genial und jeder, der dieses Buch liest, wird sich darin wieder finden. Jeder hat schon Situationen im Leben erlebt, wo er durch eine Notsituation wachgerüttelt wurde und seinem Lebensweg eine neue Richtung zuweisen musste oder bewusst wollte.

Wäre es so einfach, im Strudel des Lebens immer auf seinen Körper oder die innere Stimme zu hören, würde niemals jemand in eine Notsituation geraten. Der Autor hat ja auch so seine Schwierigkeiten, immer rechtzeitig zu reagieren. Das macht ihn sympathisch, menschlich, und er kommt ausgesprochen ehrlich rüber. Aber gerade deshalb kann man enorm viel von ihm lernen. Ich kann das Buch nur jedem Menschen empfehlen.

Wer schon wie ich viele Bücher aus dem Bereich Esoterik gelesen hat, die sich mit Heilung, Lebensweg, Bestimmung und „Was ist nach dem Tod" beschäftigt haben, wird in diesem Buch ein Praxisbuch finden, das alles andere bisher gelesene übertrifft, da es so lebensnah geschrieben ist. Ich freue mich sehr darüber, dass ich dieses Buch auf meinem Lebensweg gefunden habe und freue mich schon auf das nächste Buch des Autors.

Unser ewiger Kern
Das Leben ist doch nur ein Spiel

17,80 €
Paperback
ISBN: 978-3-7323-5416-0

Erhältlich als Print, eVoice und eBook

Inhalt: Der Autor erklärt anschaulich das Thema Wiedergeburt und die Verknüpfung von früheren Leben mit unserem heutigen. Er beschreibt Erlebnisse seiner Klienten, die er in frühere Leben zurückgeführt hat, um dort die Auslöser für ihre heutigen Probleme aufzudecken und zu beheben. Die persönlichen Erfahrungen des Autors und die Schilderungen seiner Klienten, die aus ihren vergangenen Leben, ihrem damaligen Tod, dem Jenseits und ihrer Wiedergeburt berichten, liefern deutliche Hinweise für die Existenz eines ewigen, immateriellen Körpers, der ein unfassbar altes und umfangreiches Wissen besitzt.

In jahrelanger Praxis entwickelte Rolf Hofmann eine Methode, die es den hilfesuchenden Menschen ermöglicht, selbst dauerhaften Zugang zu diesem ewigen Kern zu erlangen. Erkennen Sie, dass Sie nicht nur der verletzliche, materielle Körper sind, den Sie momentan wahrnehmen, sondern dass Ihr jetziges Leben nur eine kurze Etappe auf Ihrer langen Reise durch die Jahrtausende ist und dass Sie heute Ihr Wissen für zukünftige Leben sammeln, wie Sie auch heute jeden Tag auf die Talente und das Wissen aus früheren Leben aufbauen.

Die erste Ausgabe dieses Buches erschien 2012 als E-Book unter dem Titel: „Das verborgene Wissen in uns". Die vorliegende 2. Ausgabe enthält zusätzliche Details und den chronologischen Sitzungsablauf der Ofaatu-Rückführung.

Kommentare der Leser:

Lese dieses Buch und Deine Einstellung zum Leben wird sich vermutlich drastisch verändern.

Ich muss sagen dieses Buch ist mit Abstand das Beste, was ich jemals über Reinkarnation gelesen habe. Es hat mich gefesselt von der ersten bis zur letzten Seite.

Das Seelen-Clearing und der innere Helfer haben mich sehr angesprochen, aber auch die angefügten Kommentare der Zurückgeführten, und wie diese schildern, wie sich die Rückführung positiv auf ihre weitere Lebensführung auswirkte. Das ist ein Buch von dem ich erst die Leseprobe – und dann das ganze Buch verschlungenen habe. Es wirkt total ehrlich und jeder, der das annehmen kann, bekommt wunderbare Einsichten und praktische Lösungshilfen.

In diesem Buch werden verschiedene Rückführungen beschrieben, allerdings nicht sensationsbedacht und einfach wiedergegeben, sondern mit neuem Gedankengut zum eigentlichen physischen Leben, sowie dem Leben nach dem Leben. Die Beschreibungen sind flüssig lesbar und führen dazu, "um die Ecke" zu denken, bzw. zeigen Vorstellungen auf, die durchaus nicht ungewöhnlich erscheinen. Kann es also sein, dass wir im Hier und Jetzt begleitet und geführt werden? Anders gedacht: Warum z. B. sollte unser jetziges Leben nicht schon "verfilmt", also das Drehbuch (roter Faden durch uns selbst) schon vorher im "virtuellem Leben" festgelegt worden sein? Und... wird uns ein "Regisseur" beigestellt? Wer möglicherweise schon solche Gedanken für sich formuliert oder zumindest etwas erahnt hat, sollte sich dieses Buch nicht entgehen lassen. Ich halte es für sehr lesenswert, gerade für Menschen, die sich mit ihrem Leben und ihrem vergangenen Leben auseinandersetzen wollen. Immer vorausgesetzt, man nimmt eine Reinkarnation / Wiedergeburt an.

Ausbildungs-und Praxishandbuch
zur spirituellen Rückführung in frühere Leben
als OFAATU- Guide

74,80 €
Hardcover
ISBN: 978-3-7345-0277-4

Erhältlich als Print und eBook

Inhalt: Das Buch enthält die komplette theoretische Ausbildung zum Ofaatu-Guide und dient während der Rückführung als Praxishandbuch, in dem wichtige Passagen und Formulierungen direkt verwendet werden können, wie zum Beispiel Meditations- und Tranceeinleitung, der Ablauf des Clearings und der Karmaauflösung. Es gibt das komplexe Praxiswissen des Autors komprimiert wieder, dass er sich in 20 Jahren spiritueller Rückführungsarbeit erworben hat. Dem an einer Ausbildung Interessierten, wird es somit ermöglicht, sich den theoretischen Teil vorab anzueignen, wodurch die gesamte Ausbildung an nur einem Praxis-Wochenende erfolgreich abgeschlossen werden kann.

Das Buch „Unser ewiger Kern" ist als Basiswissen mit authentischen Fallbeispielen ungekürzt enthalten.

Verstehen Sie den Buchpreis bitte als Schutzgebühr, damit es nur ernsthaft Interessierte erwerben, die mit dieser Methode professionell arbeiten möchten.

FSC
www.fsc.org

MIX

Papier aus ver-
antwortungsvollen
Quellen
Paper from
responsible sources

FSC® C105338